Dun
amateur
27 Janv 1777   Joulain

8°V 36
1667

27 Jan. 1777

CATALOGUE
D'UNE COLLECTION
DE TABLEAUX

Provenans du Cabinet d'un Amateur;

Dont la Vente se fera le Lundi 27 Janvier 1777, & jours suivans, de relevée, à l'Hôtel d'Aligre, rue Saint Honoré.

Les Amateurs pourront voir les objets qui la composent, le Samedi 25 & le Dimanche 26, matin seulement.

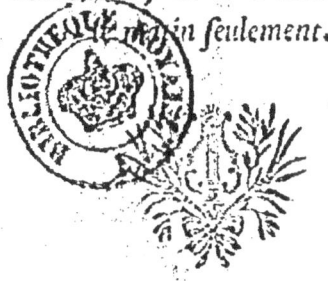

Le présent Catalogue se distribue
A PARIS,

Chez { Me HAYOT DE LONGPRÉ, Huissier, Commissaire-Priseur, rue de Gévres. Et JOULLAIN, Marchand de Tableaux & d'Estampes, quai de la Mégisserie.

M. DCC. LXXVII.

CATALOGUE

D'UNE COLLECTION

DE TABLEAUX

Provenans du Cabinet d'un Amateur.

TABLEAUX.

BACKUISEN. (*Ludolf*)

1 Une Marine. On y voit plusieurs bâtimens, & principalement un vaisseau de haut bord; sur le devant, un homme marche dans les flots; le ciel est chargé à l'horison, & terminé à droite par des montagnes. Hauteur 9 pouces, largeur 9 pouces 6 lignes. *Toile.*

BAPTISTE MONNOYER.

2 Un pannier de Fleurs sur une table de pierre. Ce Tableau estimable porte

A ij

1 pied 10 pouc. de haut, sur 2 pieds 9 pouc. de large. *Toile.*

BOTH. (*Jean-André*)

3 Un Paysage clair & des plus fin de ce Maître; le milieu est occupé par un grand arbre; sur la gauche, un Berger conduit des animaux qui sont touchés très-spirituellement. Hauteur 12 pouc. largeur 16 pouc. *Bois.*

BOURDON. (*Sébastien*)

4 Le mariage de Sainte Catherine. Ce Tableau est d'une belle composition. Hauteur 18 pouces, largeur 21 pouces 6 lignes. *Toile.*

BROUWER. (*Adrien*)

5 Un Chirurgien occupé à panser le bras d'un malade qui paroît souffrir beaucoup, tandis que le Chirurgien semble lever l'appareil avec peine; un homme derriere eux, qui les regarde, témoigne sa sensibilité par son expression. Hauteur 9 pouces 6 lignes, largeur 7 pouc. *Cuivre ceintré.*

BREYDEL.

6 Combat de Cavalerie impériale & turque. Il regne dans ce petit Tableau

TABLEAUX.

toute la chaleur qu'exigent de pareils sujets. Hauteur 4 pouces 6 lignes, largeur 6 pouces 3 lignes. *Bois.*

BRIL, (*Paul*) & CARRACHE. (*Annibal*)

7   La vue d'un Port de mer; sur le devant un pêcheur tire un filet; plus loin un vaisseau en carêne; le fond est occupé par des montagnes. *Annibal. Carrache* a placé des figures dans ce tableau qui est d'une touche franche & un des capitaux de *P. Bril.* Hauteur 18 pouces, largeur 24 pouces. *Toile.*

8   Un Paysage où se voit sur la gauche une chûte d'eau tombant d'une montagne, & sur la droite un groupe d'arbres, auprès desquels sont plusieurs figures, & entr'autres un berger conduisant un troupeau. Hauteur 14 pouces 6 lignes, largeur 24 pouces *Bois.*

CANALETTI. (*Antoine*)

9   Deux Vues de Venise, peintes sur toile, de 13 pouces de haut, sur 20 pouces de large.

CARRACHE. (*dans sa maniere.*)

10 La Vierge tenant l'Enfant Jesus sur ses genoux. Hauteur 2 pieds 7 pouces, largeur 1 pied 11 pouces. *Toile.*

A iij

TABLEAUX.

CHARDIN. (J. B.)

11 Une Cuisiniere de retour de la provision; elle tient dans une serviette de la viande & des pains, & se repose sur un bas d'armoire; dans le fond se voit une petite fille. Hauteur 16 pouces 6 lignes, largeur 13 pouces. *Toile*. Ce tableau a été gravé par Lépicié.

12 Un déjeuné composé d'un morceau de pâté, d'un verre de vin, d'une cruche & d'un couteau. Hauteur 20 pouces, largeur 26 pouces. *Toile*.

13 Un Lievre pendu par les pattes de derriere, auprès d'une gibeciere, & appuyé sur un rebord de pierre. Hauteur 2 pieds 6 pouc. larg. 2 pieds. *Toile*.

COTELLE.

14 Deux Sujets de la Fable, dont un représente Cerès présidant à la moisson. Ces deux morceaux peints à gouache, sont d'une riche composition & d'une couleur agréable. Hauteur 7 pouces, largeur 9 pouces, de forme ovale, sous glace.

CREPIN & ROESER. (N. N.)

15 Deux Paysages ornés de figures. Hauteur 17 pouces, larg. 23 pouces. *Toile*.

TABLEAUX.

DOMINIQUAIN. (*d'après lui*)

16 Le ravissement de Sainte Therese. Hauteur 19 pouces, larg. 14 pouc. *Bois.*

DOUW. G. (*d'après lui.*)

17 Une Femme âgée & vêtue dans le costume Hollandois. Elle paroît vouloir arroser un pot de fleurs qui est sur sa fenêtre. Ce tableau a du mérite. Haut. 14 pouces, larg. 8 pouc. *Bois.*

DUCQ. (*J. Le*)

18 Un Tableau où il regne une grande vérité ; il est composé de plusieurs groupes de figures & d'animaux dans la cour d'une ferme. Hauteur 16 pouc. largeur 20 pouces. *Toile.*

DUSART. (*Corneille*)

19 Une Tabagie. On y voit principalement une femme appuyée sur une table ; elle tient un réchaud, & semble vouloir allumer une pipe, tandis qu'une autre apporte une tasse pour y verser de la liqueur. Ce tableau, d'un mérite distingué, porte 21 pouces de haut, sur 26 pouces de large. *Toile.*

FOUQUIERES.

20 Vue d'une Ville située au pied d'une

montagne, & sur le devant des hommes occupés à mettre un bateau à sec. Hauteur 11 pouc. 6 lig. larg. 16 pouc. *Toile*.

FRANCK. (Le)

21 L'Adoration des Bergers : sur le devant la Vierge est représentée près de l'Enfant Jesus couché sur son berceau ; Saint Joseph tient une lanterne ; dans le fond, les Bergers s'avancent. La lumiere produit un grand effet dans ce tableau qui n'est pas sans mérite. Hauteur 8 pouc. 6 lig. larg. 10 pouc. *Bois*.

GRIFFIER. (J.)

22 Une Vue maritime, ornée sur le devant de petites figures & animaux faits avec beaucoup d'esprit. Haut. 4 pouc. 3 lignes, largeur 5 pouces. *Cuivre*.

GRILLET. (N.)

23 Une Bergere galamment ajustée ; elle est debout & semble rêver : le fond représente un paysage. Hauteur 2 pieds 11 pouces, largeur 2 pieds. *Toile*.

GUIDE. (Le)

24 L'Enfant Jesus nud, assis sur un linge ; il embrasse Saint Jean qui est à genoux devant lui, & qui lui soutient le bras ;

le fond est un paysage. Ce tableau est un des plus précieux de ce Maître; les deux figures sont pleines de graces, le dessein en est coulant, les carnations fraiches, & la touche d'une franchise admirable. Il vient du Cabinet de M. de Julienne, & porte 9 pouces 6 lign. de haut, sur 10 pouces 6 lignes de large. *Toile.*

25 La Vierge ayant sur ses genoux l'Enfant Jesus à qui Saint Jean baise le pied : jolie copie d'après ce Maître. On en connoit l'Estampe par Boullanger. Hauteur 10 pouces 6 lignes, largeur 7 pouces 9 lignes. *Toile.*

HALS. (*François*)

26 Le Portrait d'un Ministre, ayant une courte barbe. Il est vû de trois quarts, est vêtu d'un manteau, & porte un collet en forme de rabat. Hauteur 8 pouces, largeur 6 pouces. *Bois.*

HEEM. (*C. de*)

27 Un groupe d'abricots, raisin, prunes, mûres & autres fruits liés par un ruban attaché à un clou. Ce Tableau d'une grande vérité, est peint avec légereté,

& la couleur en est transparente. Hauteur 13 pouces, larg. 10 pouces. *Cuivre.*

HEMSKERKE.

28 L'intérieur d'une Chambre, dans laquelle, pour principales figures, se voyent des hommes jouant au trictrac, & une femme allaitant un enfant. Ce Tableau, du bon tems de l'Auteur, est peint sur toile, de 22 pouces de haut, sur 19 pouces de large.

HERMAN D'ITALIE.

29 Un Paysage montagneux; on y remarque sur le devant une femme qui porte un enfant sur son dos; un petit garçon fait route avec elle : ils sont à peu de distance d'une riviere. La chaleur qui regne dans ce Tableau, annonce un soleil couchant. Hauteur 14 pouces, largeur 18 pouces. *Toile.*

HEUCH. (J.)

30 Vue de l'entrée d'un Village adossé à une montagne; sur le devant deux hommes, un enfant & un berger conduisant un troupeau. Ce Tableau est pittoresquement composé. Hauteur 11 pouces, largeur 14 pouces. *Bois.*

HOLBEIN. (J.)

31 Un Portrait d'homme vû de profil; il eſt coëſſé d'un chapeau, vêtu d'un manteau bordé de fourure, a les deux mains appuyées ſur un livre, & un papier entre les doigts Haut. 11 pouc. 6 lignes, largeur 7 pouc. *Bois ceintré.*

HUGTENBURCH. (*Jean*)

32 Une attaque de Cavalerie qui occupe la droite, où eſt toute la chaleur des combattans; ſur la gauche un défilé de cavaliers, avec une voiture chargée de bagages. Ce Tableau a beaucoup de mérite; les têtes y ſont belles comme ſi elles étoient de Wouvermans. Hauteur 8 pouc. 9 lig. larg. 12 pouc. *Toile.*

KALF. (*Guillaume*)

33 Deux Tableaux d'une couleur agréable & d'un bon effet; dans l'un on diſtingue un homme à côté d'un puits, une femme derriere lui; auprès d'une cheminée & dans la demi-teinte une étable; ſur le devant on voit des légumes. Dans l'autre on remarque ſur le premier plan, beaucoup de légumes & uſtenſiles de ménage; au fond de la chambre, ſur un plan un peu plus élevé, une femme

& un enfant se chauffent à une cheminée. Hauteur 11 pouces 6 lignes, largeur 9 pouces 3 lignes. *Bois.*

KIERINGS. (*Alexandre.*)

34 Un Paysage dont le milieu est occupé par un gros arbre d'une belle forme ; à gauche se voit une riviere, & à droite l'entrée d'un bois, dans lequel sont trois figures peintes par *C. Poëlemburg.* Ce Tableau est intéressant. Hauteur 2 pieds 4 pouces, largeur 3 pieds 6 pouc. *Bois.*

KRAUSE.

35 Deux Tableaux d'une touche ferme & d'une bonne couleur, l'un représente un porte-faix, & l'autre un Commissionnaire. Hauteur 11 pouces, largeur 6 pouces. *Toile.*

LORME. (*de*)

36 L'intérieur d'une Eglise d'architecture gothique, éclairée par un lustre. Ce Tableau est dans le genre de *Steenwic*, & d'un effet piquant. Hauteur 6 pouces 6 lignes, largeur 8 pouces 3 lignes. *Bois.*

METZU. (*Gabriel.*)

37 Une jolie femme assise, elle est vétue en satin, & tient un verre ; un jeune

homme lui présente des huitres dans un plat, à ses pieds se voit un chien, & sur la gauche un pot dans lequel il y a de la liqueur, il est posé sur une table couverte d'un tapis. Ce tableau d'une composition agréable & d'un fini précieux, est peint sur toile de 19 pouces de haut, & de 16 pouces de large.

MIEL. (*Jean.*)

38 Un Cavalier à la porte d'une Hotellerie où plusieurs gens sont occupés à le servir. Hauteur 19 pouces, largeur 20 pouces. *Toile.*

MOINE. (*François* Le)

39 Acis & Galathée. Hauteur 8 pouces, largeur 11 pouces. *Toile.*

NAIN. (*Mathieu* Le)

40 Une femme allaitant son enfant, une jeune fille devant elle lui présente la bouillie, tandis qu'un homme en face près d'une table a un verre à la main; derriere eux est un jeune garçon qui tire de l'eau à un puits, sur le devant à droite on remarque beaucoup d'ustensiles de cuisine. Ce tableau est d'une très-bonne couleur & d'une grande vérité. Hauteur 13 pouces 9 lignes, largeur 18 pouces. *Toile.*

NAIN. (*Antoine* Le)

41 Une femme auprès de sa cheminée; elle semble s'apprêter à donner de la bouillie à un enfant au maillot, une petite fille devant elle tient le poëlon. Hauteur 24 pouces, largeur 24 pouces 6 lignes. *Toile.*

NEEFS. (*Peter.*)

42 Deux différentes vûes d'Eglises d'architecture gothique, l'une éclairée au jour, & l'autre aux lumieres; elles sont ornées d'un grand nombre de figures. Ces deux tableaux sont des plus fins de ce Maître. Hauteur 2 pouces 3 lignes, largeur 3 pouc. de forme ovale. *Cuivre.*

NETSCHER. (*dans sa maniere.*)

43 Une femme assise à côté d'un arbre; elle tient une fleur. Hauteur 14 pouc. largeur 12 pouces. *Toile.*

OSTADE. (*Adrien van.*)

44 Un Paysan à mi-corps, il tient un pot des deux mains & paroît ivre gay. Ce tableau est d'une bonne couleur & grassement fait. Hauteur 11 pouces, largeur 9 pouces. *Bois.*

45 Deux tableaux d'une touche spirituelle

& faits au premier coup, l'un représente l'intérieur d'une chaumiere où une femme est occupée à peigner un enfant, tandis qu'un homme la regarde; sur le devant un autre homme se chauffe. L'autre est une Ecole où des enfans s'occupent de leurs leçons, & le Maître assis à sa table taille une plume. Haut. 7 pouces 4 lignes, largeur 7 pouces 6 lignes. *Bois.*

PARROCEL. (*Joseph*)

46 La Bataille de Constantin au moment où il paroît dans le ciel une croix pour signe de la victoire. Ce tableau est composé avec la plus grande chaleur, la touche en est ferme & la couleur vigoureuse. Hauteur 2 pieds 3 pouces, largeur 3 pieds 8 pouces. *Toile.*

PETERS. (*Bonaventure.*)

47 Une Marine. On distingue sur le devant deux vaisseaux & des hommes qui y sont occupés; sur la droite au deuxiéme plan, un rocher éclairé par un effet de lumiere, le ciel semble se préparer à un orage. Hauteur 15 pouces 6 lignes, largeur 10 pouces 9 lignes. *Bois.*

Petit. (Le)

48 Vue d'une côte où débarquent des Marchands de poissons, qui s'acheminent sur le devant. Ce tableau quoique signé *le Petit*, paroît avoir été peint par un bon Maître Hollandois, à qui l'on aura donné ce surnom. Hauteur 14 pouces, largeur 20 pouces. *Bois*.

Pillement. (N.)

49 Un Naufrage. Vers le milieu on voit des rochers contre lesquels vient se briser un vaisseau ; le désordre & l'effroi sont répandus dans l'équipage. Ce tableau d'un grand mérite, est peint sur toile de 23 pouces 6 lignes de haut, & 19 pouces 6 lignes de large.

Pinaker. (*Adam*)

50 Un Paysage orné de figures & animaux ; à gauche une chute d'eau, & sur la droite une riviere où reflette un soleil couchant. Hauteur 14 pouces, largeur 18 pouces. *Bois*.

Poelemburg. (*Corneille*)

51 L'Annonce aux Bergers. Sur le devant cinq figures qui expriment leur étonnement à l'apparition de l'Ange. Plus loin dans

dans la demi teinte, un Berger avec son troupeau. Ce tableau est d'une composition agréable & d'une belle fonte de couleur. Hauteur 14 pouces, largeur 12 pouces. *Bois.*

52 Un petit Paysage avec des ruines ; sur le devant un homme semble demander le chemin à une femme qui est assise sur une pierre. Il y a quelques animaux. Hauteur 5 pouces, largeur 6 pouces 4 lig. *Toile.*

Post.

53 Une vûe d'habitation de l'Amérique. On remarque sur le devant les ruines d'une Eglise avec quelques figures ; sur la droite sont des bâtimens occupés par des Negres. Ce tableau est d'un genre particulier à ce Maître. Hauteur 14 pouces 6 lig. largeur 19 pouc. 9 lig. *Bois.*

Rembrandt.

54 Un Paysage de la touche la plus facile & de l'effet le plus piquant ; toute la partie de devant est éclairée en demi-teinte ; sur la droite l'on voit une forge ; vers le milieu un homme dans un bateau, & à gauche des Bergers conduisant leur troupeau ; du même côté il part un coup

18 TABLEAUX.

de lumière qui éclaire des fabriques & montagnes qui forment le fond de ce tableau. Hauteur 15 pouces, largeur 23 pouces. *Toile.*

RIGAUD. (*H.*)

55 Le portrait du jeune enfant qui sous l'habit de Houssard, fut élevé avec Louis XV. Cette tête est dans la demi-teinte, & faite dans la maniere de Rembrandt. Hauteur 27 pouces, largeur 22 pouces 6 lignes. *Toile.*

RISBRACK.

56 Venus faisant voir à Enée les armes qu'elle lui a fait préparer par Vulcain. Ce tableau d'une riche composition & d'une couleur agréable, est dans le style de *G. de Lairesse*. Hauteur 23 pouces 6 lignes, largeur 27 pouc. 6 lign. *Toile.*

ROP. (*J.*)

57 Deux Paysages en pendans; dans l'un se voit une ruine au bas de laquelle est un chemin; sur le devant un Chasseur qui tire sur un oiseau près d'un ruisseau; dans l'autre une chute d'eau, un Chasseur avec son chien, un homme assis jouant de la flute & gardant un troupeau de moutons. Ces deux tableaux

font touchés avec esprit & d'une chaude couleur. Hauteur 7 pouces 9 lignes, largeur 9 pouces 2 lignes. *Bois.*

Rubens. (*de son Ecole.*)

58 Le Mariage de la Vierge, tableau bien composé & d'une belle couleur. Haut. 18 pouces 6 lignes, largeur 13 pouces 6 lignes. *Cuivre.*

59 Des Joueurs vêtus dans le costume espagnol. Hauteur 15 pouces 6 lignes, largeur 19 pouces 6 lignes. *Toile.*

Ruysch. (*Rachel*)

60 Des Pêches, du Raisin & des Marons sur un rebord de marbre recouvert d'un tapis de velours violet. Ce tableau est d'une touche précieuse & d'une grande vérité. Hauteur 26 pouces, largeur 22 pouces. *Toile.*

Ruysdael. (*Jacques*)

61 Un Paysage sur le devant duquel est un moulin; à droite deux hommes, dont un à cheval, près d'un village; à gauche des montagnes éclairées par un effet de lumière que produit un ciel qui se couvre & qui semble annoncer un orage. Ce tableau est d'un pinceau savant &

d'une touche ferme. Hauteur 14 pouces, largeur 17 pouc. 9 lign. *Toile.*

62 Un beau Paysage. On y voit sur le devant une petite riviere & un chemin qui le borde, avec figures par *Ad. Vander Velde.* Hauteur 22 pouces, largeur 28 pouces 6 lignes. *Toile.*

63 Autre Paysage. On y distingue une roche au pied de laquelle sont trois figures, & un chien au bord de l'eau. Ce tableau est d'un mérite égal aux précédens. Hauteur 34 pouces 6 lig. largeur 29 pouces. *Toile.*

64 Marine par un tems calme. Elle représente une vûe de Hollande, & sur le devant un Pêcheur qui attache son bateau à des pieux. Hauteur 14 pouces 6 lign. largeur 18 pouces. *Bois.*

65 Une Marine où l'on voit quelques vaisseaux faisant route par un vent frais, & où, dans le fond à droite, l'on découvre plusieurs Villes. Hauteur 15 pouc. larg. 20 pouc 6 lign. *Bois de forme ovale.*

RUYSDAEL. (*Salomon*)

66 L'Hiver représenté par une riviere glacée à perte de vûe, sur laquelle un nombre infini de personnes glissent ou dans des traîneaux ou à pied ; à gauche est

une ville qui se perd à l'horison ; & sur le devant un marchand de poissons. Ce tableau est un des capitaux de ce Maître. Hauteur 2 pieds 8 pouces, largeur 3 pieds 8 pouces 6 lignes. *Toile.*

67 Vûe maritime. Sur le devant se voyent différens animaux, & un chariot dans lequel sont plusieurs personnes. Le fond est un paysage entouré d'arbres. Hauteur 18 pouces, largeur 24 pouc. *Bois.*

SEGHERS. (*Daniel*)

68 Deux Tableaux pendans, représentant des fleurs. Elles sont d'une grande finesse & d'un beau coloris. Hauteur 13 pouces, largeur 10 pouces. *Toile.*

TENIERS. (*David*)

69 Deux Tabagies composées de beaucoup de figures qui s'amusent à jouer & à fumer. Hauteur 15 pouces 9 lignes, largeur 21 pouces. *Toile.*

THEOLON. (*N.*)

70 La vûe d'un Jardin très-agréablement orné de Statues; on y distingue plusieurs groupes de jolies femmes, les unes au bord de l'eau, & les autres dans un bosquet. Ce tableau est d'une composition charmante, d'une touche spiri-

tuelle & d'une couleur très-agréable. Hauteur 11 pouces 6 lignes, largeur 15 pouces. *Toile.*

Van Artois.

71 Un Tableau d'une touche facile, & d'une couleur vigoureuse. Il représente un paysage montagneux, où sur le devant se voit de l'eau traversant des sables, & à quelque distance un groupe de figures. Hauteur 8 pouces 6 lignes, largeur 12 pouces. *Bois.*

Van Berghen.

72 Un Paysage dans lequel un homme conduit des animaux ; sur le devant une vache blanche entrant dans l'eau. Ce tableau est beau comme s'il étoit d'*Adrien Vande Velde*. Hauteur 22 pouces, largeur 26 pouces 6 lignes. *Toile.*

73 Deux Tableaux pendans, & d'un mérite égal au précédent ; ils représentent chacun un paysage avec figures & animaux. Hauteur 14 pouces, largeur 16 pouces 6 lignes. *Toile.*

Van Bloemen.

74 Un Combat de cavalerie & d'infanterie aux portes d'une ville ; & pour pendant, des soldats emmenant des paysans &

des troupeaux, après avoir mis le feu à un village. Ces deux tableaux sont favamment peints sur toile. Hauteur 14 pouces, largeur 21 pouces.

VAN CRAESBECK. (*Joseph*)

75 Une chambre où deux hommes se battent; l'un des deux est terrassé, tandis que l'autre est retenu par un jeune homme qui l'empêche de lui jetter un pot qu'il tient; un homme tranquillement au coin d'une cheminée, les regarde en fumant sa pipe; beaucoup d'accessoires rendent ce tableau intéressant. Hauteur 21 pouces 6 lignes, largeur 23 pouces 9 lig. *Toile*.

VAN GOYEN. (*Jean*)

76 La vue d'une Forteresse à l'entrée d'un port, près duquel sont rangées plusieurs barques; sur le devant deux hommes retirent un filet de l'eau, deux autres conduisent un batteau dans lequel sont des vaches. Ce tableau est transparent de couleur, & leger de touche; le ciel est de la plus grande beauté. Hauteur 22 pouces, largeur 29 pouces. *Bois*.

77 Deux Tableaux pendants; l'un représente des barques où des gens sont

occupés à placer des marchandifes; l'autre une mer calme, avec des lointains : ils font faits au premier coup, & touchés avec efprit. Haut. 10 pouc. 3 lig. largeur 8 pouc. 9 lig. *Bois.*

Van Helmont.

78 Un Chymifte dans fon laboratoire; il s'arrache les cheveux de dépit de voir fon matra caffé; il eft entouré de livres & d'inftrumens chymiques. Ce tableau eft d'un effet piquant. Hauteur 21 pouc. largeur 25 pouc. *Toile.*

Van Leeuwe. (*J.*)

79 Un Tableau d'une touche précieufe & d'une belle couleur; il repréfente des raifins fur une table de marbre, avec plufieurs autres fruits & infectes. Hauteur 19 pouces, largeur 16 pouces 6 lignes. *Toile.*

Vander Neer. (*Eglon*)

80 Un Village hollandois, traverfé par un canal; dans le fond à droite eft un incendie : le contrafte de la nuit & du feu, rendent ce tableau très-piquant d'effet. Hauteur 10 pouces, largeur 6 pouces. *Bois.*

TABLEAUX.

VANDE VELDE. (*dans sa maniere.*) *Adr.*

81 Deux Tableaux repréfentant chacun des hommes qui gardent des troupeaux de vaches & de moutons. Hauteur 12 pouces, largeur 15 pouces. *Toile.*

VERKOLIE.

82 Pſiché ſurprenant l'Amour endormi. Ce tableau eſt d'une compoſition agréable & d'un bel effet de lumiere. Hauteur 12 pouc. 6 lign. largeur 17 pouc. *Toile.*

VISPRÉ.

83 Des Pêches dans une jatte de porcelaine, avec une Poire & un carafon de vin. Ce tableau eſt peint ſur verre. Hauteur 11 pouc. 6 lig. larg. 14 pouc.

WLIEGHER. (*Simon* de)

84 Vue de Scheveling & de la mer; l'on voit quelques barques de pêcheurs & quelques figures ſur le rivage. Ce tableau eſt touché très-ſpirituellement; le ſite en eſt vrai, & le ciel très-étendu. Haut. 14 pouces, larg. 19 pouc. *Bois.*

WOUVERMANS. (*P.*)

85 Un homme ſur un cheval blanc prêt à ſortir d'une écurie; derriere lui ſon

C

domestique aussi à cheval. Hauteur 9 pouces, largeur 6 pouces. *Bois.*

WTENBROCK, *ou* le petit Moyse.

86 Un Paysage. Sur la gauche un homme conduit des vaches ; sur la droite un obélisque, & dans le fond une campagne. Hauteur 17 pouces, largeur 19 pouces 6 lignes. *Bois.*

WTMANS.

87 Le portrait d'un homme assis ; il est de face & vû jusqu'aux genoux ; il a une toque sur la tête, est vêtu d'une robe de chambre, & est appuyé sur une table de pierre, où l'on distingue un livre & du papier ; le fond représente un jardin. Ce tableau est d'une touche précieuse & d'une couleur agréable. Hauteur 10 pouces 6 lignes, largeur 8 pouces 6 lignes. *Bois.*

WYNANTS. (*Jean*)

88 Un Paysage : le milieu est occupé par une chaumiere entourée d'arbres ; une femme donne à manger à des poulets, une autre femme à la porte de la chaumiere ; plus loin un paysan faisant route. Ce tableau est d'une touche spirituelle & ferme, & d'une variété

TABLEAUX. 27

de ton qui le rend des plus recommandables. Hauteur 9 pouces, largeur 10 pouces 6 lignes, *Bois.*

ZEEMAN. (*Regnier*)

89 Une Marine. L'on voit dans le lointain plusieurs vaisseaux, beaucoup de gens se promenent sur le port, & d'autres portent des marchandises. Le brouillard au soleil couchant est rendu avec beaucoup de vérité. Hauteur 14 pouces 6 lign. largeur 18 pouc. *Toile.*

90 Plusieurs Tableaux, parmi lesquels il s'en trouve de recommandables, que le tems n'a pas permis de decrire ; ils seront détaillés.

F I N.

Lû & approuvé ce 22 Janvier 1777.
COCHIN.

De l'Imprimerie de PRAULT, Imprimeur du Roi, Quai de Gêvres.

www.ingramcontent.com/pod-product-compliance
Lightning Source LLC
Chambersburg PA
CBHW030108230526
45471CB00003B/1314